AF811268

Como Obtener **Victoria** Sobre La Pérdida de Memoria

Vive Tu Vida En Victoria

Como Obtener **Victoria** Sobre La Pérdida de Memoria

Pastor Jason Alvarez

The Love of Jesus Family Church, Pastor

PASTOR JASON ALVAREZ

Como Obtener Victoria Sobre la Pérdida de Memoria
Copyright 2012 por Jasón Álvarez

ISBN 13: 978-0615833385
ISBN-10: 0615833381

Publicado por Jasón Álvarez Publicaciones
448 Highland Ave
Orange, NJ 07050
(973) 676-4200
www.theloveofjesus.org

A menos que indicado lo contrario, toda citas escriturales son tomadas de la Biblia versión King James.

Agradecimiento especial a Sonya Kimble-Ellis por su asistencia con la edición de este libro. Su trabajo ha sido presentado en revistas, periódicos y en páginas de noticias internéticas. Es autora de varios libros para niños y jóvenes.

También, un especial agradecimiento a Naimah Ward, dueña y fundadora of FirstFruits Publications & Productions por asistir con la edición y publicación de este libro.

Todo derecho reservado. Esta publicación es protegida bajo las leyes de publicación de los Estados Unidos de América. Con la excepción del uso en la obra de beca y revisiones, reproducción o uso de esta obra por medio de la red internética o cualquier otro medio electrónico, mecánico o de otros medios, incluyendo fotocopiando y grabando, y en cualquier otro sistema informacional, o cualquier otra forma, es prohibida sin el permiso expresado por escrito del autor.

Tabla de Contenido

Prefacio

Este no es un libro médico. "Como Obtener Victoria sobre la Pérdida de Memoria" es un libro de TRIUMFO para aquellos que han estado experimentando la pérdida de memoria. Es un testimonio de una sanidad milagrosa yo recibí de parte del Señor y oraciones que cambian vida que cada creyente debe saber a fin de ser victorioso y exitoso en la jornada de su vida.

Hay tantas verdades en este libro y yo creo sólo una de estas cambiará el curso de tu vida por siempre! Aprenderás cómo puedes obtener victoria sobre un problema que afecta a muchas personas.

Una Necesidad Para Todo Creyente!

Capítulo Uno

INTRODUCCION: EL LLAMADO AL MINISTERIO

Déjame compartir contigo comó fui llamado al ministerio pastoral. Estaba en la ciudad de Nueva York con mi esposa quién estaba ministrando en una iglesia pequeña ahí. De momento, escuché una Voz preguntándome, "Jasón, me amas?" Con esa Voz vino esta presencia inúndate que me causó a gemir silenciosamente y perder vista de todo y todos en la sala. Gentilmente conteste, "Si Señor, Tu sabes que Te amo." Luego la Voz dijo, "Alimenta mis ovejas. Nuevamente me preguntó, "Jasón, me amas?" Nuevamente contesté, Si Señor, Tu sabes que Te amo Señor." el dijo, Alimenta mis ovejas!" Luego, esa Voz me pregunto una tercera vez, Jasón, me amas más que éstos?" Y nuevamente contesté esta vez gimiendo, "Si Señor, Tu sabes que Te amo." El me dijo "alimenta mis corderos!" A este momento, no estaba gimiendo silenciosamente. Había comenzado a gemir incontrolablemente. Honestamente, no entendía todo lo que me estaba aconteciendo en el momento. Sólo sabía que estaba teniendo un "Encuentro con Dios," que atesoraría por el resto de mi vida. Sorprendentemente, mi vida continuó por un rato como si nada hubiera pasado esa noche. Luego, de momento, un deseo Santo a pastorear comenzó a invadir e influenciar toda área de mi vida. De alguna manera en mi interior, yo sabía que había sido llamado a pastorear un pueblo precioso de Dios pero sin embargo nadie más creía que yo había sido llamado a pastorear. Todos creían que yo había sido llamado a ser evangelista. SIN EMBARGO, no podías golpearlo fuera de mí con un bate de pelota! Continuaba diciéndoles yo sé, que yo sé, que soy llamado a Pastorear. Sólo se reían y pensaban que yo estaba loco pero no importaba que cualquier otro pensara sobre ello, yo no podía sacudirlo fuera. Has estado ahí? Sucede que alrededor de este tiempo, yo estaba viajando con el Evangelista R.W. Shambach, realizando campañas de reavivamiento en Los Ángeles. Yo predicaba en los servicios del día y hacia la Adoración y Alabanza en los servicios de la noche. Bueno, un Pastor de aquella área me pidió que ministrara en su iglesia y así que ministré aquel domingo en la noche y Dios se manifestó grandemente para mi sorpresa. A Dios sea la Gloria! Después del servicio, el Pastor me preguntó, "Joven, qué sientes Dios te está llamando a hacer con tu vida? Así que yo le dije, "Yo creo que Dios me ha llamado a Pastorear pero nadie me cree. Todos creen que he sido llamado a ser Evangelista." Entonces el me dijo, "Joven, estaré orando por ti. Hablaré con Dios sobre ti esta noche!" Bueno, había escuchado esto antes y honestamente esas palabras no significaban nada para mí. Por qué? Porque muchas veces yo había dicho esas mismas palabras a otros y la verdad del asunto es que nunca oraba por ellos. Nunca ni tan solo me acordaba de sus nombres. Así que me fui al cuarto del hotel aquella noche y tuve una buena noche de sueños. La mañana siguiente un joven me recogió y me llevó al aeropuerto. Según estaba listo para abordar el avión, escuché alguien llamando mi nombre a lo lejos. Me torné a ver quién era y para mi asombro ví al Pastor de la noche anterior corriendo a través del aeropuerto como OJ Simpson! El estaba tratando de llegar a mí antes de que yo abordara el avión. Bueno, me salí de la fila y corrí a encontrarlo porque para ser honesto contigo, no sabía lo que estaba sucediendo. Sólo sabía que él estaba sin aliento y sudando profusamente. A pesar de ésto, lo primero que hizo este Pastor fue darme un gran abrazo. Luego me dijo, "He estado orando por ti toda la noche joven. Dios me habló y me dijo que te dijera SI, El te ha llamado a Pastorear y según comienzas a pastorear una de las más detalladas cosas que verás acontecer es que tu comenzarás a crecer junto con el pueblo. El Señor también me dijo que te dijera que tu eventualmente alcanzarás al mundo con el evangelio de Jesucristo de esa iglesia." Y yo le creí. Entonces dijo, Vuelve a casa y comienza tu iglesia! Vuelve a casa y comienza a pastorear, por cuanto el Señor ciertamente te ha llamado!" WOW! Yo no lo podía creer. Este Pastor realmente había orado por mí como había dicho que lo haría y Dios le respondió y confirmó mi llamado a través de él. Que Dios! Ves, todavía hay personas allá fuera que Dios ha enviado, hombres y mujeres quién Dios utilizará sobrenaturalmente para ayudar y bendecirnos. Este Pastor pasó a ser una de las personas más instrumentales en mi vida cristiana y apenas le conocía, sin embargo Dios en Su amor y sabiduría divinamente orquestó todo y lo puso en mi vida en el momento justo. Sabes nunca volví a ver o escuchar de ese Pastor. Creo que esto fue una "conexión de Dios: un momento Kairos, un espacio de tiempo donde Dios puso todas las piezas juntas El mismo. No faltaba nada, sin necesidad alguna. Bueno, aquí la verdad evangélica - no mucho después, comencé una Iglesia llamada The Love of Jesus Church en Orange, New Jersey. Hoy, 25 años más tardo, aun sigo pastoreando esa maravillosa iglesia que literalmente está impactando millones alrededor del mundo.

A DIOS SEA TODA LA GLORIA!

He aprendido por experiencia. FIEL ES AQUEL QUE HA PROMETIDO, QUIEN ASI LO COMPLIRA!!!

Capítulo Dos

LA BATALLA COMIENZA: MI PRIMERA BATALLA CON LA PERDIDA DE MEMORIA

Mi primera batalla con la pérdida de memoria comenzó en un supermercado. Puedo recordarlo como si fuese hoy. Algunas cosas en la vida tienen una manera de dejar una impresión vivida y perdurable. Esta experiencia en particular fue cavada profundamente en mi espíritu a fin de que nunca fuese olvidada. Estaba de compras para mi esposa en el Supermercado Kings cuando de momento escuché una voz que decía, la razón por la cual estas comenzando a olvidar las cosas es debido a tu edad. Es natural para uno comenzar a pasar por pérdida de memoria. Yo acababa de cumplir 45 años de edad, Me acuerdo que esa voz me decía que la pérdida de memoria era normal. Era algo de esperarse. Pero francamente, yo no lo esperaba del todo. Sin embargo, todavía vino. Por qué? Es porque las tormentas de la vida siempre vienen sin invitación y sin esperarse. Es por esto que tú siempre tienes que estar en guarda y mantenerte presto. Bueno, sin necesidad de decir, la lucha COMENZO! Inmediatamente, lo reprendí. Yo sabía que era un espíritu mentiroso procurando poner una atadura en mi vida. Estaba utilizando la vieja mentira concerniente a la pérdida de memoria por la cual multitudes ya han caído presa. De momento, me acordé el Señor diciéndome una vez, "Hijo, la razón por la cual el diablo ha tenido tanto éxito en la vida de tantas personas es porque él ha tenido éxito engañando y entrenando al hombre a derrotarse a sí mismo." Por ejemplo, aquí estaba un espíritu mentiroso intentando engañarme con una mentira que dice, cuando llegas a cierta edad, es normal que comiences a pasar por la pérdida de memoria. Que MENTIRA! Sin embargo tantas personas han caído presas de ella. Yo he actualmente escuchado cuando personas se ríen cuando hablan a otros sobre ello. Ellos dicen, "Ves, debes estar envejeciendo. Tu memoria te está fallando." Se ríen sobre ello. Cuan insensato es esto? Bueno, yo no pienso que es gracioso y yo no voy a firmar por esa cuenta de bienes y tampoco lo debes tú. La pérdida de memoria es un asunto serio y no es nada por el cual reírse. Pensé honéstamente que este espíritu de pérdida de memoria, que había comenzado a afectarme, me dejaría con una sola buena reprensión. Pero poco sabía que no se apartaría sin una lucha mayor. De momento, me encontré encontrando difícil recordar tales cosas como los nombres de individuos, o los nombres de ciertas cosas o lugares. Hombre, era una lucha mayor. Así que comencé a luchar contra ello como mejor sabia, pero sin logro. Esto estaba obteniendo lo mejor de mí y yo lo sabía. De momento me encontraba luchando en aéreas de mi vida que en un tiempo no eran luchas para mí en lo absoluto. Seguro, yo no permití que nadie supiera con lo que yo estaba lidiando, porque ciertamente creí que pronto se apartaría de mí y todo volvería a la normalidad. Pero que equivocado estaba. Empeoraba más y más. Con ello también vino esa tormentosa voz de temor intentando literalmente paralizarme. Implacablemente intento hacerme creer y aceptar lo peor. Me seguía diciendo que con el tiempo yo no podría acordarme ni de mi propio nombre. Puedes creer esto? Te digo, si tú lo permites, el temor te pondrá en una tumba temprana. Te atormentará hasta que tú no podrás ni pensar correctamente. Es por ésto que yo creo que el temor es el enemigo número uno del hombre, y si no luchas con él en el momento, gradualmente crecerá y crecerá hasta que literalmente te derrumba y eventualmente te destruye. Ves, a través de la experiencia personal, yo he descubierto que cuando el temor trata de agarrarte y tú no haces nada sobre ello, se intensificará y crecerá y crecerá, fuerte y más fuerte. Es cierto. El temor debe ser resistido en el momento en el nombre de Jesús, o el temor, que es un espíritu con una personalidad, literalmente doblegará tus rodillas y totalmente dañará tu mente. Es por lo cual yo le doy gracias a Dios por 2Timoteo 1:7. *Por cuanto Dios no nos ha dado un espíritu de temor sino de poder, amor y dominio propio.* (KJV)

Ahora hay dos cosas que son vitales para saber. Primero, el temor es un espíritu y Cristo Jesús nos ha dado el poder sobre TODO el poder del enemigo. Eso simplemente significa que yo puedo hablarle en el nombre poderoso de Jesús y el temor se tendrá que ir. Segundo, Dios no me ha dado un espíritu de temor. Por lo tanto, yo no tengo que recibirlo. Y encimas de esto, no quiero nada operando en mi vida que no viene de mi Padre celestial. Y tú? Bueno, tengo que admitir, que durante este tiempo de prueba (2 Tim 1:7) vino a ser mi hacha de batalla y mi arma de lucha. Me encontré utilizándola constantemente. Puede que preguntes, me ayudó? La verdad es que me ayudó hasta cierto punto, pero no totalmente. Aunque me mantuvo en la lucha y no permitió al enemigo a totalmente prevalecer, todavía me encontraba luchando grandemente y no obteniendo el tipo de territorio que había anticipado. Pero gracias a Dios me determiné a prevalecer no importando que. Por cuanto en lo más profundo de mí, yo sabía que con tiempo Dios me sacaría. Aunque debo admitir, no sabía cómo o cuando, sólo sabía que lo haría y gracias a Dios, eventualmente lo hizo. La verdad del asunto es que algunas batallas van a tomar más tiempo que otras para vencer! Pero nuevamente, estaba determinado que no importando cuanto tiempo iba a tomar, yo no iba a caer en derrota. Por qué? Porque en lo más profundo de mi ser yo sabía que eventualmente Dios iba a tornar las cosas si no me rendía! Escuchaste esto? Yo dije, yo sabía que eventualmente Dios iba a tornar las cosas para mí si yo no me rendía. Ahora aquí es donde muchas personas pierden la batalla:

1. Se rinden muchas veces sin una lucha y aceptan la pérdida de memoria como la voluntad de Dios. NO HAGAS ESTO TU!

2. Se rinden muy temprano. Winston Churchill dijo, "NUNCA, NUNCA, NUNCA TE RINDAS!" yo digo Amen! Ves, he descubierto que tomará el martillo de la persistencia para clavar el clavo del éxito porque VICTORIA nunca viene con facilidad, PERO SI TU PERSEVERAS, TU PREVALESERAS!

Bueno, estaba determinado a nunca rendirme y porque no me rendí, Dios eventualmente me dió la victoria sobre la pérdida de memoria. Las buenas nuevas es que si lo hizo por mí, también lo hará por ti porque El no hace acepción de personas. Habiendo dicho esto, en el próximo capítulo, yo quiero proveerte con algunas de las llaves, que yo he aprendido a poner en práctica durante este tiempo de reto en mi vida. Estos son los principios que me ayudaron a obtener la victoria sobre la pérdida de memoria, y yo creo, también te ayudaran a hacer igual. Ahora debes aplicar estos principios diariamente. No puedes descuidarte. Acuérdate, que esta es la gran batalla en la cual te encuentras y va a requerir todo de ti. No solamente una parte de ti.

Capítulo Tres

PRINCIPIOS Y ARMAS DE PODER

No Lances Tus Perlas a Los Cerdos

Mientras estas batallando para vencer la pérdida de memoria, tienes que asegurar que no compartes tu batalla (con la pérdida de memoria) con individuos que no tienen tu mejor interés en su corazón. Si así lo haces, en vez de ayudar tu situación, puede que termines saboteando tus buenos esfuerzos. Estas consciente, que inocentemente, la mayoría de individuos comparten sus problemas con aquellos que realmente no les tienen el cuidado suficiente para orar por ellos o poner los secretos de su corazón en una bóveda de amada protección? Contrario, lo utilizan para hablar, echando las perlas a los cerdos, o revelando tus secretos a otros soló para lucir bien. Qué triste. Yo he aprendido por experiencia que cuando una persona habla de ti, desata el espíritu de hechicería a obrar en contra de ti. Es por esto que Isa. 54:17 es tan poderoso y debe estar en el arsenal de cada creyente y vida cotidiana. Yo lo utilizo diariamente y tú debes también.

Isaías 54:17 *"Ninguna arma forjada contra mi prosperará, y toda lengua que se levante contra ti en juicio condenarás. Esta es la herencia de los siervos del Señor, y su justicia es en Mi dice el Señor.* (New King James Version)

Déjame darte un ejemplo. Todos los días VALENTEMENTE confieso o digo en voz alta, "NINGUN ARMA QUE ES FORMADA CONTRA

MI PROSPERARA, Y TODA LENGUA..."(denótese las palabras *Y toda lengua*! *Y toda lengua!)* Porque dice "*Y toda lengua que se levante contra ti en juicio"*? Te diré porque! Porque si el diablo puede lograr que personas hablen en contra de ti a través del habladurías o un espíritu de juicio, o a través de amargura y odio. Entonces él puede desatar un espíritu de hechicería en contra de ti. Es por esto que es tan importante que tú diariamente sostengas esta escritura como un escudo de fe y arma de guerra. Porque tú no sabes lo que está siendo desatado en contra de ti a través de la boca de otros. Mira estas escrituras asombrosas!

PROV 12:18

"*Aquel que habla como la penetración de una espada: pero la lengua del sabio es salud.*"

(Versión internacional) *Palabras vanas penetran como una espada, pero la lengua del sabio trae sanidad.* "

Salmos 55:21

Las palabras de su boca eran más suaves que mantequilla, pero había guerra en su corazón; sus palabras eran más suaves que el aceite, sin embargo eran espadas desenvainadas."

(Nueva Traducción Viviente) *Sus palabras son tan suaves como la mantequilla, pero en su corazón hay guerra. Sus palabras son tan suaves como la loción, pero en el fondo son puñales*!

WOW! Y así que todos los días, valientemente confieso:

Ningún arma forjada contra mí o mi familia prosperará, y toda lengua que se levante en contra de nosotros en juicio, la condeno. Yo digo eres reducida a nada. Yo digo eres rendida inútil y no eres de efecto a obrar en contra de nosotros en el nombre de Jesús. Yo digo eres probado para ser el mal y tu asignación en contra de nosotros es cancelada en el nombre de Jesús. Por cuanto esta es la herencia de los siervos del Señor, y su salvación está en mí, dice el Señor de los ejércitos.

Entonces confieso Job 5:12-14:

Satanás escrito está y ahora registrado. Dios frustra y decepciona todo esquema, de modo que sus manos no pueden realizar sus empresas en contra de nosotros, en el nombre de Jesús. Yo digo te encuentras con tinieblas en el día y a tientas al mediodía como en la noche y todos tus planes y todas tus estrategias son sin efecto a obrar en contra de nosotros de ningún modo, forma o manera, en el nombre de Jesús.

Nuevamente, estas son sólo unas cuantas buenas escrituras para poner en la memoria y utilizar diariamente. Y cuando oras estas oraciones (Isa 54:17 y Job 5:12-14) diariamente, no te olvides de incluir los nombres de tus seres queridos en esto también.

Verdades y Trozos de Sabiduría por las Cuales Vivir

Para comenzar, *nunca digas algo que no quieres creer*. Por qué? Es porque tú eres la persona más creíble en tu vida. Es por esto que tu *confesión de fé* es tan poderosa. Estas consciente que tú vas a creer lo que tú dices antes de creer lo que cualquier otro va a decir?

Segundo, *nunca digas algo que tú quieres que otros olviden y algo que tú no quieres que otros repitan*. Por qué? La razón es porque el poder de la vida y la muerte están en la lengua. Denótese que no dije que la vida y la muerte estaban en el poder del diablo, pero es en el poder de la lengua y yo no quiero personas respirando vida a cosas que deben morir en mi vida o que deben permanecer muertas. Sin embargo estoy totalmente persuadido que mientras más grande la batalla, más grande la victoria; cuanto más grande la prueba, más grande el testimonio. Yo lo creo! También creo que tú no cualificas para algo por lo cual no estás dispuesto a luchar. Benson Idahosa una vez me dijo que un hombre nunca debe quejarse sobre el fracaso si él nunca ha hecho un intento del todo para obtener el éxito. Ahora he dicho ahí mucho!

Estoy completamente persuadido que las llaves a todo buen final es, PERMANECER EN ELLO HASTA VENCER! Por ejemplo, en Salmos 78:9-41, vas a ver las escrituras más tristes en la biblia. Escúchate esto. *Los hijos de Efraín, siendo armados, y cargando arcos, se tornaron en el día de batalla.* Salmos 78:41 dice: *Sí, se tornaron atrás, y tentaron a Dios, y limitaron al Santo de Israel.* Puedes creer esto? Estoy literalmente sorprendido por estas escrituras. La biblia dice si nos tornamos atrás en el día de batallas, vamos a limitar al Dios Todopoderoso. WOW! Una cosa que tú no quieres hacer es limitar a Dios! Y una de las formas que limitas a Dios es rindiéndote antes de que la batalla comience o rindiéndote en medio de la batalla. Yo sé de primera mano que a veces las cosas se pueden poner extremadamente difíciles. Pero si no te rindes, con el tiempo, Dios lo tornará a tu favor y tú experimentarás una gran victoria en el nombre de Jesús. Es por esto que Gálatas 6:9 nos dice "No nos cansemos de hacer el bien. A su debido tiempo recogeremos una cosecha de bendiciones si no nos rendimos (Traducción Nueva Vida)

Una cosa es segura: La derrota es amarga, pero por el otro lado, la victoria es oh!, tan dulce! Es por esto que tu sanidad de la pérdida de la memoria vale tanto la pena luchar. NO TE RINDAS! NI LO

PIENSES! NO TE ENTREGUES! NI LO PIENSES. RECUERDA, VENCEDORES NUNCA SE RINDEN Y RENDIDOS NUNCA VENCEN! Escúchame! Firmemente creo que Dios te tendrá presente en ese momento oscuro en tu vida y te dará una gran victoria así como lo hizo conmigo. Sí, estoy completamente persuadido. Dios lo tornará a tu favor. Sólo vela y verás. No te rindas! Recuerda, esta es una excedente, gran, y preciosa promesa de Dios y El vela sobre Su palabra listo para hacerla cierta en tu vida. Y El la hará cierta! Sí! Vencerás en el nombre de Jesús!

La Causa

Aquí hay algo que recientemente descubrí o que vino a mí en revelación porque oro mucho en el Espíritu, mi mente o intelecto no estaba siendo ejercitado tanto cómo debió haber estado y cómo resultado mi memoria comenzó a pagar el precio por ello. Pero gracias a Dios por mi ayudador y maestro el Espíritu Santo, quién en un instante o en un momento, comenzó a hablarme de 1 Cor. 14:14: "*Pero si ruego en lenguas inaudibles, mi espíritu ruega, pero mi entendimiento es sin fruto*. La versión ampliada dice de esta manera - "*Si oro en una lengua desconocida, mi espíritu (por el Espíritu Santo en mí) ora, mas mi mente no es productiva (no da fruto y no ayuda a nadie*)." Así que de esta escritura comencé a diariamente entender que hay una gran diferencia entre el yo orar con mi intelecto o mi entendimiento, y el yo orar en el espíritu con la ayuda del Espíritu Santo. Cuando oro en mi lengua conocida, estoy orando con mi intelecto o mi entendimiento. Por otro lado, cuando oro en el Espíritu, mi mente no es productiva porque es mi espíritu el que orar con la ayuda del Espíritu Santo en mí. Así que, orando en el Espíritu sobrepasa mi mente o intelecto y alcanza en lo profundo de la reserva de mi espíritu, que es sin límite, siendo atado a Dios. Y por fé, pronuncio palabas energizadas por el Espíritu pero no conocidas al intelecto. Creo que eso es tremendo, no crees?

Ahora aquí hay una revelación increíble! Estas consciente de que el orara en el Espíritu es como tener una línea personal directa al trono del Dios Todopoderoso? Wow! Me encanta. Aquí hay otra gran verdad y beneficio! Rom. 8:27 - cuando oro en el espíritu, el Espíritu Santo mismo me ayuda a orar o hacer intercesión por los santos de acuerdo a la voluntad perfecta de Dios. Hombre, es eso bueno por qué? Has sentido alguna vez que tienes que orar por un amigo o un ser querido, pero no sabías por lo que ibas a orar porque no conocías lo que él o ella necesitaba o lo que estaba pasando? Todo lo que sabias es, que necesitaba oración. Bueno, cuando oramos en el Espíritu, el Espíritu Santo sabe exactamente lo que ellos necesitan. Así que cuando me someto a Él en oración, El comienza a darme lenguas divinas para orar de acuerdo a la perfecta voluntad de Dios por ese individuo. Haciendo esto, sobrepaso mi intelecto, que puede estar totalmente en tinieblas. El resultado es que estoy haciendo intercesión por mis amistades o seres queridos, de acuerdo a la perfecta voluntad de Dios. No puedes fallar. Oh gracias a Dios por el Espíritu Santo, nuestro gran ayudador!

Otro gran beneficio sobre el orar en el Espíritu es que tu mente eventualmente caya ante Dios. Y haciendo esto, te permite el poder escuchar a Dios más claramente, sin que tu mente interfiera o poniéndose en el camino a través del temor, ansiedad o preocupación. Ahora esto es absolutamente la verdad. Pero en mi caso, estaba comenzando a obrar en mi contra porque yo no estaba ejecutando mi mente y mi memoria suficientemente. Y nuevamente gracias a Dios por el Espíritu Santo, porque Él no me dejó en tinieblas. Comenzó a derramar revelación de conocimiento en mi espíritu a través de su palaba, y Dios, estoy siempre agradecido!

Ahora aquí es de donde he encontrado la LLAVE MAESTRA para ayudar a tornar las cosas para mí. Cuando me di cuenta que no estaba ejercitando mi mente o memoria lo suficiente, sabía que había encontrado LA RAIZ DE LA CAUSA. Ahora, podía laborar por la CURA. Ves, tu mente o tu memoria es como un musculo. Mientras más la utilizas, más se fortalece. Mientras menos la utilizas, más débil pasa a ser. Es como todo lo demás. En un instante, me di cuenta. Necesito desarrollar una rutina de ejercicio para mi mente y memoria, así como tengo para mi cuerpo físico. De esta manera, mi mente puede ser fructífera, fuerte y productiva nuevamente. WOW! LO VI. LO PODIA PROBAR. Sabía que había recibido la llave maestra que pronto iba a desatar mi victoria. Es por esto que es tan importante el tener balance, en cada área de tu vida! También he descubierto que cuando no podía recordar ciertas cosas, literalmente podía pedirle al Espíritu Santo que ME TRAJERA A LA MEMORIA LAS COSAS QUE MI MENTE SE LE HABIAN OLVIDADO. Y PARA MI SORPRESA COMENZO A HACERLO ASI. Inténtalo! La próxima vez que necesites que algo que aparentas hayas olvidado vuelva a tu memoria, pídele al Espíritu Santo que te ayude y vela lo que sucede. Ahora recuerda! A fin de obtener victoria sobre la pérdida de memoria. TIENES QUE EJERCITAR TU MEMORIA PONIENDO UNA DEMANDA SOBRE ELLA. Así que cuando le pidas al Espíritu Santo que traiga algo a tu memoria que se te había olvidado, y no sucede dentro de 20 o 30 segundos, No te rindas. Persiste en ello hasta que el Espíritu Santo lo traiga a relucir. Y confía en mí. Él lo hará!

Ahora aquí hay otra gran verdad! Rom. 8:26, leímos estas palabras sorprendentes: "*El Espíritu también AYUDA*... Oh, como me levantaron y grandemente animaron estas palabra. Sólo el saber, no estoy solo en esto, Grandemente me bendice. Nuevamente, El Espíritu también *AYUDA* enfermedades, debilidades o inhabilidades simplemente nos dice que si tenemos necesidad de su asistencia, sólo pídele y Él te ayudará! Estas consciente que aquello que Jesús fue para los doce cuando El estuvo aquí en la tierra el Espíritu Santo es eso para nosotros ahora? Oh gracias a Dios por nuestro ayudador, la maravillosa persona del Espíritu Santo!

He aquí otro trozo de verdad!

Juan 14:26, Jesús dijo, *Mas el confortador (Consolador, Ayudador, Intercesor, Fortalecedor, Modo es Espera), el Espíritu Santo quién el Padre enviará en Mi nombre, (en mi lugar) a representarme y actuar de mi parte) Él os enseñará toda cosa. El causará que RECUERDES (te ACORDARA y traerá a tu MEMORIA) todo lo que yo te he dicho.*" Versión Ampliada)

Wow! Recibiste eso? El causará que tu RECUERDES, (te acordará de y traerá a tu menoría) todo lo que yo os he dicho. Wow! Wow! Necesitas SU ayuda? Comienza a pedírsela. EL ESTA ESPERANDO POR TI!

1. A ayudarte a recordar
2. A acordarte de
3. A traer a tu memoria todo lo que necesitas! GLORIA A JESUS

Armas de Confesión

Otra arma que he usado para vencer la pérdida de memoria es el arma de confesión. Por ejemplo, Proverbios 10:7 dice que "*La memoria del justo es bendecida...*"

Así que valientemente confieso:

"Mi memoria es bendecida y no maldecida por cuanto soy la justicia de Dios en Cristo. Tengo una mente sana y el Espíritu Santo trae toda cosa a mi memoria en el Nombre de Jesús. Esta escrito que puedo hacer todo a través de Cristo quién diariamente me infunde con fortaleza interior! Valientemente confieso que no me olvido; ni tan sólo uno de tus beneficios Padre por cuanto tú perdonas todas mis iniquidades. Tú sanas todas mis enfermedades. Tú redimes mi vida de toda destrucción. Tú me coronas con tiernas misericordia y amantes bondades. Tú satisfaces mi boca con cosas buenas, para que mi juventud sea renovada como las águilas. Me enseñas a prosperar y me diriges por el mejor camino para mi vida. Mi copa está rebosando y mi corazón está lleno con alabanzas a la mención de Tu nombre. Te doy gracias Padre Celestial. Mi memoria es bendecida y no maldecida, en el nombre poderoso de Jesús."

Firmemente te animo a usar estas escrituras diariamente en la lucha sobre la pérdida de la memoria. Muchos verdaderamente no creen en el poder de confesión. Pero yo sí. Especialmente cuando leo escrituras como Jeremías 1:12 donde Dios nos dice, El vela sobre su palabra, presto para actuar en ella y hacerla bien en nuestras vidas. Cuan maravilloso es eso? Así que aplica Su Palabra diaria y continuamente como un hacha de batalla y arma de guerra, y vé al enemigo huir en terror en el nombre de Jesús!

Ejercitando Tu Mente

En 1ra. Tesalonicenses 1:2-3, Pablo dijo, " *Damos gracias a Dios siempre por todos ustedes, haciendo mención de ustedes en nuestras oraciones; Recordando sin cesar su obra de fé, y labor de amor y paciencia de esperanza en nuestro Señor Jesucristo, en vista de Dios y nuestro Padre.*" La palabra "recordando" literalmente significa ejercitar tu memoria. Wow! Esto es exactamente lo que Dios me mostró. El me dijo que a fin de que tú obtengas victoria sobre la pérdida de memoria tú tendrás que disciplinarte diariamente a ejercitar tu memoria así como tú te disciplinas diariamente a ejercitar tu cuerpo físico.

Déjame recordarte lo que Jesús dijo en Juan 10:10.

"El ladrón no viene, sino a robar, matar, y destruir, pero yo he venido, para que tengas vida, y para que la tengas en abundancia o hasta que sobreabunde."

Escucha! Teniendo pérdida de memoria, no es teniendo vida en abundancia. Así que déjame animarte a REPRENDER al diablo en el nombre de Jesús y LEVANTATE! No te recuestes y te rindas! Levántate nuevamente y lucha! La Biblia dice, Levántate, y luego de haber hecho todo, levántate. Así que mantén tu posición en el nombre de Jesús! Por cuanto la victoria es tuya! La victoria viene de camino! Nuevamente, te animo a no rendirte, sino a hacer las cosas simples que están en este libro diariamente y vela Dios realizar un milagro en tu vida. Ves, lo bello es que yo he creado tiempos de oración que requieren el ejercicio diariamente de ambos mi intelecto y la memoria. Estas son oraciones basadas en la palabra de Dios. Puedes comenzar con 5 o 10 minutos de ejercicios o 15 o 20 minutos de ejercicios. Todo depende de ti. No tienes que utilizar mi bosquejo de oración. Si deseas, puedes crear y utilizar el tuyo propio. La llave maestra es que tú tienes que poner una demanda en ambas tu inteligencia y tu memoria diariamente. Esto deber hacerse si vas a experimentar sanidad sobre la pérdida de memoria. Nuevamente, no solamente estoy hablando de tu leer un libro para estimular tu mente. No, estoy hablando de hacer una demanda diaria en tu mente a recolectar información ya almacenada en tu memoria diariamente.

Hoy con regocijo puedo reportarte que ahora mi mente y mi memoria no son solamente sanas y fuertes, sino que está más aguda que nunca. Ahora por otro lado, la verdad es que aún hay días cuando tengo que luchar y poner exactamente lo que está en este libro en práctica diariamente, vez tras vez. Y por lo tanto la batalla nunca termina, pero la victoria es siempre prometida si perseveramos y no nos rendimos. Recuerda si Dios lo hizo por mí, lo hará por ti; por cuanto Dios no hace acepción de persona! Y la llave maestra es que tú tienes que poner una demanda en ambos tu intelecto y tu memoria diariamente si vas a experimentar sanidad sobre la pérdida de la memoria.

Oración de Acción de Gracias

Esta oración surgió de Romanos 1:8 cuando el Apóstol Pablo oró*: Primeramente, doy gracias a mi Dios..."* Llamo esta oración *"La oración de poner lo primero primero."* El Salmista escribió, Entraré a sus puertas con acción de gracia en mi corazón, entraré a sus atríos con alabanza." Así que comencemos...

Padre celestial, vengo a Ti en el precioso e incomparable nombre de Tu hijo Jesucristo, mi Salvador y Redentor. Hoy, quiero darte las gracias Padre celestial por Tus tiernas misericordias y amantes bondades. Gracias por Tu abarco y Tu gracia, Tu calor, Tus correcciones, Tu reprensión, Tus instrucciones en justicia. Gracias por Tu poder guardador. Te doy gracias hoy Padre Celestial por guardarme como la niña de Tus ojos, sano y salvo de todo mal, peligro, accidente, cosas locas y vandalismo. Hoy, quiero darte gracias por ser mi Padre; por amarme como lo haces. Gracias por nunca dejarme Padre Celestial, Yo sé que si no hubiera sido por Ti, no hubiera llegado hasta aquí. Así que quiero darte las gracias Padre Celestial. Amén!

Hoy, quiero darte las gracias por ser mi pronto auxilio en medio de tribulaciones. Gracias por ser mi refugio en medio de la tormenta, mi torre fuerte y mi refugio. Oh Abba Padre, escóndeme en lo secreto de Tu presencia del orgullo del hombre. Mantenme en lo secreto de Tu pabellón de toda lengua de contienda y dirígeme por Tu senda, en el nombre de Jesús. Padre, hoy, todo mi ser bendice Tu Santo Nombre. Corazón bendice al Señor; estomago bendice al Señor, pulmones bendigan al Señor, emociones bendigan al Señor, memoria bendice al Señor. Que todo lo que está en mi bendiga Tu Santo Nombre. Valientemente confieso, mi mente está alerta y mi corazón es receptivo, Padre, no me olvido de ninguno de Tus beneficios. Por cuanto Tú perdonas todas mis iniquidades. Tú sanas todas mis enfermedades. Tú redimes mi vida de destrucción. Tú me coronas con tiernas misericordia y amadas bondades. Tú satisfaces mi boca con bien a fin de que mi juventud sea renovada como el águila. Cuando camino, no me cansaré.

Cuando corro, no me desmayaré, por cuanto el Señor es la fortaleza de mi vida y mi eterna porción. Amén!

Hoy Padre Celestial, quiero darte las gracias por Jesús Tu maravilloso hijo, mi Salvador y amante de mi alma. Oh Jesús, gracias por ser mi Señor y mi Salvador, mi Sanador, mi Redentor, mi Roca y mi Alta Torre Fuerte.

Quiero decir gracias Señor Jesús por tu incansable, interminable, eterno, sacrificial amor Señor. Hoy te doy gracias por tu Palabra oh Dios. Por cuanto escrito está, Cristo me ha redimido de la maldición de la ley haciéndose maldición por mí. Por cuanto escrito está, maldito es todo hombre colgado en un madero, a fin de que la bendición de Abraham venga sobre Jasón Álvarez (pon tu propio nombre aquí) a través de Jesucristo, a fin de que pueda recibir la promesa del Espíritu a través de la fé como resultado de Tu sangre derramada en el Calvario. Jesús, valientemente confieso las bendiciones de Abraham son mías. Son Mías! Son Mías! Son Mías! Por lo tanto, valientemente confieso que soy bendecido en mi entrada y soy bendecido en mi salida, soy bendecido en la cuidad y soy bendecido en el campo. Todo aquello a que pongo manos, te doy gracias Padre Celestial que Tu lo causas a florecer, prosperar y tener éxito en mis manos. Gracias por hacerme la cabeza y no la cola. Gracias por ponerme sobre y nunca debajo. Gracias por causarme a montar sobre los lugares altos de la tierra. Gracias por coronarme con Tu favor así con un escudo y cubriéndome con una capa de muchos colores. Te doy gracias Señor Jesús por acobijarme con Tu amor de la corona de mi cabeza a las plantas de mis pies. Valientemente confieso, no puedo ser derrotado y rehúso a rendirme. He sido redimido por la sangre de Jesús. He sido lavado de todos mis pecados y como resultado, he sido creado rey y sacerdote para Dios mi Padre a través de Tu sangre derramada. Oh Rey de Reyes y Señor de Señores, alabo Tu exaltado nombre. Por cuando has sido dado un nombre sobre todo nombre, y al sonido de Tu nombre toda rodilla se doblará y toda lengua confesará que Tu eres Señor y Maestro para la Gloria de Dios nuestro Padre. Hoy, mi Señor y mi Salvador, quiero darte las gracias del fondo de mi corazón por salvarme, guardarme, y por traerme hasta aquí. Te seré eternamente agradecido. Señor Jesús, hoy quiero darte las gracias por el precioso Espíritu Santo.

Espíritu Santo, quiero darte las gracias por Tu Persona, Presencias, y poder en mi vida. Gracias por ser mi consejero y consolador. Gracias por ser mi Ayudador, mi Guía, mi Intercesor, mi Fortalecedor, mi Reposo y mi Abogado. Gracias por ser mi todo en todo Preciosa Paloma Celestial. Hoy quiero darte las gracias por escoger amarme y vivir en mí siempre y por siempre. Gracias por reposar en mí cuando todos me han abandonado. Me siento honrado por el hecho que Tú, quién mejor me conoce, me ama más y nunca tengo que temer el ser mi mismo contigo. Por cuanto tú conoces mi rebelión y mí por sentado. Conoces mis pensamientos a lo lejos. Antes de que pronuncie una palabra, Tú ya sabes lo que voy a decir. Oh Espíritu Santo, soy tan feliz de que Tu estas en mi vida. Ayúdame a atesorar Tu Presencia, Tu amor, y Tu amistad. No sé lo que haría sin ti. Espíritu Santo no hay nadie que compara contigo. Hoy Espíritu Santo, te pido que me inspires, ilumíname, apodérame, energízame, y electrifícame con tu Glorioso Poder para poder hacer las obras de Jesús y aún mayores obras. Enséñame a amar como El, a tener compasión como El, a ser misericordioso como El, agradar al Padre como El. Te necesito Precioso Espíritu Santo. Te necesito cada momento de cada hora de cada día. Acércame más que nunca al corazón del Padre. Ayúdame a ver a Jesús en toda su Gloria y Esplendor. Dame una profunda revelación de Tu preciosa Palabra y concédeme Santa valentía para hablar Tu Palabra sin vergüenza, temor o compromiso en el Nombre de Jesús, AMEN.

Así que hoy, quiero darte las gracias Padre Celestial por ser mi papá. Gracias Señor Jesús por ser mi Salvador y mi Rey Pronto a Venir. Gracias Espíritu Santo por ser mi dulce Amigo y Consolador en el Nombre de Jesús, Amen!

Capítulo Cuarto

ORACION ES TU LLAVE

Mi Vida Privada de Oración

Otra oración que yo utilizo para ejercitar me mente es llamada la oración de reconocimiento. Sobre el hecho de utilizar esta oración para combatir la pérdida de la memoria, también he aprendido a utilizarla para mantener a Dios envuelto en toda área y aspecto de mi vida personal. Te enseñaré un pequeño secreto. Por muchos, muchos años, aparentaba como si tuviese un toque de oro. Parecía que cualquier cosa que yo hacía tenía la aprobación divina de Dios sobre ello. Mi vara constantemente florecía y yo tenía éxito en todo emprendimiento de la vida. Bueno, en este momento en mi vida, estaba orando diariamente la oración específica que voy a compartir contigo. Pero entonces, por alguna razón extraña de momento dejé de orar esta oración. Personalmente, creo que el orgullo me tomó. De alguna manera, pensé que todo el éxito que estaba experimentando era por mi propia sabiduría, mi carisma, y mi fuerte personalidad. Que chiste! Bueno, las consecuencias eran devastadoras y por unos cuantos años, mi vida pasó a ser una lucha constante. Hombre, era miserable. Aunque aprendí mucho durante esos arduos años, nunca pude conectar los puntos. Nunca me di cuenta que impacto aquella pequeña oración había hecho en mi vida. Era como si hubiese un pequeño cordón umbilical invisible atando el corazón de Dios al mío. Poco sabía yo que a través de esa simple oración, Dios había estado alimentando y dirigiendo cada paso en el camino. Así que una vez deje de orar esa oración, fue como si ese cordón umbilical que había estado alimentado y dirigiendo todo el tiempo se cortó. Como resultado, dejé de obtener dirección divina de Dios en mis asuntos diarios. Que tragedia! Bueno, gracias a Dios que todo está detrás de mí ahora.

Sin embargo, voy a compartir contigo lo que sucedió. Un día, años atrás, según caminaba y oraba como hago todos los días, el Espíritu Santo en Su suave voz me habló y nuevamente me acordó sobre la oración de reconocimiento y su importancia en mi vida.

Esa simple pero profunda oración se encuentra en Proverbios 3:6:

"Reconócelo en todos tus caminos y El dirigirá tus veredas"

Denótese las primeras seis palabras. En todos, no algunos, pero RECONOCELO EN TODOS TUS CAMINOS! Ahora no estoy hablando de reconocerle a Él con cada más mínimo detalle de vida, como cuando me preparo para cruzar la calle o cuando me preparo para tomar una taza de café. Para estas cosas simplemente uso mi sentido común y preferencias personales. Ahora regresemos a mi historia! Así que una vez más, comencé a orar esta oración, cubriendo cada parte mayor de mi vida diariamente. Sin exageración, en unos cuantos meses, cosas comenzaron a girar drásticamente. Lo primero que comenzó a suceder fue que la voz de Dios comenzó a ser clara nuevamente y comencé a recibir dirección divina para mi vida. Yo siempre digo que todo significativo en la vida comienza con dirección divina o lo que la Biblia llama un don de la Palabra de Sabiduría! Oh sí, sin dirección divina, eres como una gallina sin cabeza, siempre moviéndose, pero sin saber hacia dónde vas que me acuerda una historia de muchos años atrás que me sucedió cuando viajaba con el gran Evangelista Nicky Cruz. Una bella noche de verano, emprendimos camino a una reunión que quedaba como a una hora de distancia. Así que después de pasada hora y media, le pregunté a chofer, "Sabes hacia dónde vas?" El me respondió con su imperfecto inglés, "Hombre no, pero Dios sabe." Bueno siguió manejando y manejando y nos alejábamos más y más de nuestro desino deseado. Así que después de otra media hora, le pregunté nuevamente, "Oye hombre, sabes hacia dónde vas?" El me respondió nuevamente, "Hombre no. Pero Dios Sabe!" Así que finalmente le dije, "Escucha hombre, si tú no sabes hacia dónde vas, pero Dios si sabe, porque simplemente no le preguntas que te enseñe?!!" Este es del todo mi punto. Si tú no sabes hacia dónde vas y Dios si sabe, porque no simplemente pedirle que te enseñe?! Bueno, fue algo grande para mí comenzar a recibir dirección divina para mi vida nuevamente. Porque hasta ese momento, me sentía como si me iba a la deriva, o solamente existiendo. Sin embargo otro mayor acontecimiento me sucedió después de esto. Llegue al punto donde hice un trato con el Espíritu Santo que una vez más cambió cosas drásticamente en mi vida. Te gustaría saber cuál fue el trato? Dije, "Espíritu Santo" de este día en adelante, vamos a hacer un trato. Tú dirige y yo seguiré. Sólo enséñame el camino! Wow!!! Este has resultado ser el mejor trato que he hecho y sí, el Espíritu Santo ha tomado la delantera nuevamente. Como resultado, cosas han tomado un giro de 180 grados para bien en mi vida. Gloria a Dios!

Así que, la oración de reconocimiento realmente pasó a ser una Espada de doble filo para mí. Le permitió a Dios estar envuelto en mi vida diaria nuevamente; y en meses, comencé a experimentar gran éxito. También me ayudó a desarrollar una rutina de oración, donde mi memoria estaba siendo ejercitada diariamente y como resultado, quebré la espalda del enemigo, y obtuve la victoria yo desesperadamente necesitaba sobre la pérdida de la memoria. Así que recuerda, yo quiero acordarte que la llave para la sanidad sobre la pérdida de la memoria es el desarrollar una rutina diaria de ejercicio para tu mente y memoria, así como tienes una para tu cuerpo físico.

Hoy, te animo que hagas lo mismo y desarrolles tu propia rutina de ejercicios de la memoria, para que tu mente y memoria puedan nuevamente ser fructíferas, fuertes y productivas. Ahora según yo hago, puede que tú quieras tus propias necesidades actuales, tú querer y deseos en estas oraciones una vez las aprendas. O, puedes continuar a utilizar las oraciones en este libro si así lo deseas. Recuerda, este es un simple patrón para que tú comiences tu propia vida de oración. Lo importante para ti es poner estas oraciones a la memoria y orarlas todos los días hasta que tú puedas memorizarlas y eventualmente comenzar a añadir tus propias palabras, necesidades y deseos a ellas. Ahora comencemos!

Oración de Reconocimiento

Padre Celestial, vengo a ti en el nombre precioso de tu Santo Hijo Jesús, mi Señor, mi Salvador y pronto a venir Rey. Tú dijiste en Tu Palabra, en todos tus caminos reconóceme a mí y yo dirigiré tus pasos. Haré sendas rectas para tus pies. Hoy yo te reconozco en mi vida, en la vida de mi esposa, mis hijos y en las vidas de los hijos de mis hijos, creyéndote para dirigir mis sendas en el nombre de Jesús. Te reconozco hoy con mi futuro y con el futuro de LOJ (The Love of Jesus), creyéndote para dirigir mis sendas. (LOJ es el nombre de la iglesia que pastoreo. Tú puedes poner el nombre de tu propia iglesia). Te reconozco hoy Padre Celestial para con mi facultad, creyéndote a dirigir mis pasos. Te reconozco hoy para con cada lugar al que voy a ministrar fuera del Ministerio LOJ, desde Francia en adelante. Te reconozco para con las finanzas en el banco y las inversiones para con los ministerios de LOJ y mi propia vida creyéndote a dirigir mis sendas. Te reconozco hoy para con las vacaciones que tomaré el resto de este año, creyéndote a dirigir mis sendas en el nombre de Jesús. Padre Celestial, Te reconozco hoy para con las misiones de alcance los Sábados en la mañana. Te reconozco para con el ministerio de la despensa de alimentos, las misiones de alcance a través de todo el mundo, y el evangelismo de puerta a puerta, creyéndote a dirigir mis sendas. Precioso Padre Celestial, te reconozco para con los lotes vacíos en Orange, creyéndote para dirigir mis sendas. También te reconozco para con el alquiler de propiedades, creyéndote a dirigir mis sendas. Padre, hoy en el nombre poderoso de Jesús, te reconozco para con nuestros servicios de Domingo y nuestro invitado especial los Domingos en la noche, creyéndote para dirigir mis sendas. Te reconozco hoy, Oh Dios, para con la venta del Mall, creyéndote a dirigir mis sendas, en el nombre de Jesús. Creo que recibo la venta rápida del Mall, en el nombre de Jesús y así lo tendré! Hoy, Padre Celestial, te reconozco para con las obras pasadas, las nuevas obras y las obras que comenzarán en el futuro, creyéndote a dirigir mis sendas, en el nombre de Jesús. Te reconozco para con la propiedad de West Orange, creyéndote a dirigir mis sendas. Te reconozco para con el Departamento de Misiones de Alcance Mundial creyéndote a dirigir mis sendas...

Así sucesivamente. Haré esto concerniente a todo lo que me concierne, e incluso con las cosas futuras que estoy pensando hacer. Hago esto algunas veces de un mes a un año por adelantado. Te digo, es vital que tú entiendas este simple pero critico principio. En todos tus caminos, no en algunos, pero en todos tus caminos reconócelo a Él. Nunca olvides, El nunca deberá ser después del hecho!!! El dijo, reconócelo en todos tus caminos y El, no quizás, no espero, pero El dirigirá o enderezará sendas para tus pies.

Ahora si tú no quieres acertar o fallar, haz lo que Él dijo! Reconócelo en todos tus caminos, y El dirigirá tus sendas. He compartido uno de los más grandes secretos que yo conozco para éxito. Ahora, te toca a ti! Has este ejercicio todos los días sin falta. Luego, vela como tú comienzas a experimentar el milagro de sanidad de tu pérdida de memoria. Recuerda, expectación es vital! Que es expectación? Yo lo digo de esta manera: tengo mi cuello estirado tan lejos como puedo, mirando sobre la cerca de imposibilidades, hacia la tierra de milagros, donde yo pertenezco. Yo espero milagros todos los días en el nombre de Jesús y tú deberás también.

Capítulo Cinco

ORACIONES PREVALECIENTES PARA LA IGLESIA

En conclusión, he aquí algunas de las oraciones que yo he cometido a mi memoria y oro diariamente por la iglesia que pastoreo. Estas oraciones no sólo me ayudan a ejercitar mi memoria, sino que además producen maravillosos resultados para mi iglesia y mi vida personal. Ahora, por lo que soy Pastor, oro estas oraciones por la iglesia que velo; pero aún si no eres Pastor, puedes orar estas oraciones por la iglesia a la cual perteneces.

Oraciones Prevalecientes para la Iglesia

"Padre Celestial, elevo LOJ (pon el nombre de tu iglesia aquí) ante Ti en el nombre de Jesús. Elevo todo aspecto y todo relacionado con LOJ en el nombre de Jesús. Oro que la Palabra del Señor tenga libre curso y sea glorificada aquí en LOJ en el nombre de Jesús. Oro por mis hermanos y hermanas a fin de ser librados de malos y perversos hombres por cuanto no todo hombre tiene fé. Hoy, oro que la Palabra del Dios viviente crezca y se multiplique poderosamente en LOJ y a través de toda esta área entera, en el nombre de Jesús. Oro por un gran número de oficiales estatales, maestros y principales escolares, empresarios, hombre y mujeres de negocios, ejecutivos de grandes compañías, trabajadores de cuello azúl, trabajadores de cuello blanco, hombres y mujeres policías, bomberos, atletas profesionales, entretenedores profesionales, doctores, abogados, arquitectos ingenieros, dueños de propiedades, contratantes, edificadores, predicadores descarriados, e intercesores, músicos y cantantes descarriados, operadores de computadoras, técnicos de computadoras,

y genios de computadores a ser obedientes a la fé en los Ministerios LOJ donde pastoreo en el nombre de Jesús. Oro Padre Celestial que tu plantarás sus raíces profundamente en la tierra de Tu casa en LOJ en el nombre de Jesús. Que puedan pasar a ser árboles de justicia a fin de que puedas ser glorificado. Te creo por ello y por fe te alabo por adelantado en el nombre de Jesús. Hoy, elevo ante Ti cada hombre y mujer, cada persona joven quién has sido ordenado a vida eterna que vive en Orange, Newark, Irvington, Bloomfield, Glen Ridge, Verona, Los Caldwells, Montclair, Maplewood, Millburn, y Union, en el nombre de Jesús. Reclamo su salvación en el nombre de Jesús y su liberación de debajo del poder del diablo al poder del Cristo resucitado. Hoy, salgo al reino del espíritu y vengo contra ti, espíritu de Islam en el nombre de Jesús. Te ato y rompo tu poder sobre las vidas de estas personas, en el nombre de Jesús. Vengo contra ti, espíritu de anticristo y hechicería, malvado espíritu religioso, espíritu de ateísmo y nueva era. Rompo tu poder sobre estos individuos en el nombre de Jesús del más pequeño al más grande, del más joven al más viejo. Cancelo tu asignación contra ellos y te anulo totalmente incapaz de obrar en contra de ellos por más tiempo en el nombre de Jesús. Padre Celestial, te pido que abras el corazón de cada persona en la totalidad de esta área, así como abriste el corazón de Lydia para recibir a Jesucristo como Salvador y servirle a Él con honor como Señor, todos los días de su vidas en el nombre de Jesús. Ahora mismo, desato el espíritu de gracia y suplicación. Desato el espíritu de oración e intercesión. Desato el espíritu de gemidos indecibles sobre LOJ y su pueblo, en el nombre de Jesús. Padre Celestial oro que Tú aliviarás y apoderarás Tu pueblo a gemir indecible en oración hasta que multitudes son nacidas en el Reino de Dios, en el nombre de Jesús. Oro por hombres y mujeres quienes en un tiempo en sus vidas habían nacido de nuevo, pero por alguna razón u otra, se han apartado. Oro que Tú aliviarás y apoderarás a Tu pueblo a gemir en oración hasta que Cristo es formado en ellos nuevamente y son restaurados a total comunión contigo Padre Celestial, en el nombre de Jesús. Precioso Padre Celestial, te pido en el nombre de Jesús que pongas prosperidad sobre LOJ y su precioso pueblo. Pon ante nuestro pueblo una puerta abierta que ningún hombre puede cerrar, en el nombre de Jesús. Pon ante nuestro pueblo una perta abierta para que puedan tener trabajos y mejores trabajos, y hasta grandes trabajos en el nombre de Jesús. Oro Padre Celestial que Tu pondrás ante nuestro pueblo una puerta abierta con oportunidades de negocios; herencias a ser desatas sobre nuestro pueblo en el nombre de Jesús; por dinero adeudado y dinero atado en casos judiciales a ser entregado en manos de nuestro pueblo ahora, en el nombre de Jesús. Valientemente confieso que mi Dios libremente suple y llena a lo sumo cada necesidad que tengo de acuerdo a sus riquezas en gloria por Cristo Jesús. Valientemente confieso que creo que recibo cien veces tanto como he sembrado en los últimos tres años que vuelva a mí antes de que este año culmine, en el nombre de Jesús. Valientemente confieso que creo que recibo las riquezas de los malvados siendo transferida y puesta en mis manos por quién ha sido puesta como justicia de Dios en Cristo. Desato grandes cheques y grandes donaciones a llegar a mis manos y a las manos de LOJ antes de que culmine este año, en el nombre de Jesús. Profetizo dinero viene a mí en el nombre de Jesús. De cada esfera de vida y cada esquina de la tierra profetizo abundancia y ninguna falta habrá en mi vida. Profetizo que terneros gruesos y no cabras flacas son mi porción. Profetizo que siempre tendré suficiente, y sí, más que suficiente. Por cuando El Shaddai, el Dios que es más que suficiente provee para mí. Vengo contra todo impedimento que tratará de impedir cualquiera de estas cosas a que vengan a la realización. Te ordeno, seas removido, y seas echado al mar, en el nombre de Jesús. Ahora Ángeles de Dios, les comisiono a ir adelante y prosperar mi camino ante mí, y causen estas cosas a ser realidad en mi vida para el gloria de Dios en el nombre de Jesús. Hoy, expongo todas mis obras sobre el Señor. Las entrego y confío totalmente en tus manos Señor, creyendo que Tú causas mis pensamientos a estar en completo acuerdo con Tu voluntad, a fin de que mis planes estarán establecidos y sean exitosos, en el nombre de Jesús. Amén. Así sea!"

Estas son algunas de las oraciones que yo utilizo todos los días, que me han ayudado a superar la pérdida de memoria y a prosperar inmensamente en cada área de mi vida. He cometido estas oraciones a la memoria y me he disciplinado a orarlas aún cuando no siento hacerlo. Tu mente es un musculo y debe ser ejercitado como cualquier otra parte de tu cuerpo. Muchos individuos experimentan pérdida de memoria porque ellos no ejercitan su mente y memoria todos los días. Por lo tanto, si vas a vencer la batalla sobre pérdida de memoria, vas a tener que ejercitar tu mente todos los días, y poner en continua practica los simples principios que están en este libro. Nuevamente, estas oraciones son solamente algunas de las oraciones que yo utilizo. Tú puedes usarlas hasta que tú desarrolles tu propia rutina de oración. Lo importante es que comiences hoy. No esperes a mañana! Mi amigo lo dice de esta manera, "No te unas al club de mañana, comienza ahora!" No permitas que el diablo te mienta más. No estás perdiendo la mente. Quizás, no has estado ejercitando tu memoria como lo debes estar haciendo. Pero ahora, las cosas van a cambiar!

Recuerda, no estoy tratando de enseñarte algo que saque de un libro, o lo que alguien me dijo. Esto es un testimonio de mi experiencia de la vida real en la lucha contra la pérdida de memoria. Todo lo que sé es que Dios me libró, pero yo luché por ello, diente y una de pies. Y sólo por la gracia de Dios, pude vencer la batalla. Si Dios lo hizo por mí, El lo hará por ti, por cuanto El no hace acepción de persona. Ahora ve adelante en el nombre de Jesús y vence tu batalla sobre la pérdida de memoria!

SE QUE PODR*AS! Y CREO QUE LO HARAS!*

Pastors Jasón & Gale Álvarez

The Love of Jesus Family Church 15 años atrás… Entrando a nuestro 26to año! Gloria A Dios!

PASTOR JASON ALVAREZ

CD'S Y SERIE DE ENSENANZA

Título de Serie de Enseñanza	**Precio**
Attitudes *(Actitudes)*	$20.00
A Study in Brokenness *(Un Estudio en Quebrantamiento*	$30.00
Cycle of Faith *(Ciclo de Fé)*	$20.00
Extreme Makeover (Jesus Edition) *Reconstrucción Extrema (Edición de Jesús)*	$20.00
Fear Not! *(No Temas!)*	$15.00
Gifts of the Spirit *(Dones del Espíritu)*	$30.00
Golden Keys for a Successful Prayer Life *(Llaves Doradas para una Vida de Oración Exitosa)*	$20.00
Past, Present, & Future Ministry of Jesus Christ (*Pasado, Presente Y Futuro Ministerio de Jesucristo)*	$15.00
Preparing for a Year of Great Changes *(Preparando para un Año de Grandes Cambios)*	$15.00
Qualifications for Supernatural Ministry (*Cualificaciones para Ministerio Supernatural)*	$20.00
Redeemed From the Curse! *(Redimido de la Maldición)*	$20.00
Relationships and How to Deal With Rejection (*Relaciones y Cómo Lidiar con Rechazo)*	$15.00
School of Ministry: Five-Fold Ministry (*Escuela de Ministerio*: *Pleno Ministerio)*	$30.00

Spirit, Soul & Body *(Espíritu, Alma Y Cuerpo)*	$20.00
School of Prayer *(Escuela de Oración)*	$10.00
The Influence, Person & Power of the Holy Spirit *(La Influencia, Persona Y Poder del Espíritu Santo)*	$20.00
The Book of Revelation *(El Libro de Revelación)*	$20.00
The Rapture *(El Rapto)*	$10.00
All Yours *(Todo Tuyo)*	$15.00
The Work of the Apothecary Vol. I: Pure Worship *(La Obra del Apotecario Vol. I: Pura Adoración)*	$15.00
The Work of the Apothecary Vol. II: Pure Worship *(La Obra del Apotecario Vol. II: Pura Adoración)*	$15.00
The Work of the Apothecary Vol.III: Show Me Thy Face *(La Obra del Apotecario Vol. III: Muéstrame Tu Rostro)*	$15.00
The Lord is a Man of War *(El Señor es un Hombre de Guerra)*	$15.00
The Longing of My Heart *(El Añoro de Mi Corazón)*	$15.00
Better Than Medicine *(Mejor que la Medicina)*	$15.00
Brand New Touch *(Un Nuevo Toque)*	$15.00
His Unfailing Love *(Su Amor Infallible)*	$15.00
Just Give Me Jesus *(Sólo Dame a Jesus)*	$15.00
No Turning Back *(No Tornar Atrás)*	$15.00

Precious Jesus *(Precioso Jesús)*	$15.00
Turning a Curse into a Blessing (*Tornando una Maldición en Bendición)*	$15.00
We Will Glorify *(Glorificaremos)*	$15.00

Para ordenar o ver más selecciones de Enseñanza o CD de Música del Pastor Jasón Álvarez:

Visite: www.theloveofjesus.org

Llame: (973) 676-4200

Escriba: The Love of Jesus Family Church
448 Highland Avenue
Orange, NJ 07050